NHK出版
オリジナル楽譜シリーズ

大河ドラマ

鎌倉殿の13人
THE 13 LORDS OF THE SHOGUN

メインテーマ ピアノ・ソロ譜

JN022904

作曲 エバン・コール

作曲家からのメッセージ

エバン・コール

「鎌倉殿の13人」は平安時代から鎌倉時代にかけて、荒々しい世の中で日本を大きく変える人々の物語です。その中で、地方の一武士から身を起こして、源頼朝の右腕として大きく活躍し、後に執権と呼ばれるようになった北条義時がこの物語の中心人物です。

テーマ曲では、当時の武士の勢いと名誉を表現しています。迫力のある太鼓、人間の熱い魂を感じられる男声コーラス、そしてすべてを支えるオーケストラが、時には力強く、時には繊細に表情を変え、その時代の転換点を表現しています。曲の旋律とコード感をわかりやすくして、聴いた人が口ずさめるように、と考えて作りました。ある程度のシンプルさがあるので、他の編成にアレンジしても、また新しい面や面白みが出ると思います。このピアノアレンジでは、オーケストラの力強さを生かしつつ、ピアノならではの響きが表現されています。

オーケストラの細部をピアノだけで表現しようとすると、演奏の難易度が上がるので、初級編と上級編の2つのアレンジを用意しました。オリジナルのオープニングテーマを放送で聴いて勢いをつかんだ後に、ぜひこの2つのアレンジに挑戦していただければ幸いです。

ピアノ編曲者による演奏アドバイス　　酒井麻由佳

「鎌倉殿の13人　メインテーマ」の壮大なオーケストラの響きと、和太鼓の推進力をイメージして演奏しましょう。

初級編について ──────

左手の刻みのリズムはアクセントの付いていない音を軽く弾き、重たくならないようにしましょう。勇壮な主題部分と流れるような中間部の対比を意識してください。また全体を通して *f*、*ff* が多いですが、その中でもメロディーは歌心をもって奏でましょう。

上級編について ──────

左手の歯切れのよいリズムを生かしながらメロディーを歌うために、適切に短いペダルを使うのがよいでしょう。

難解なフレーズや声部が入り組んだ箇所もありますが、音楽の大きな流れに乗って格好よく演奏してください。

鎌倉殿の13人
メインテーマ ～初級編～

エバン・コール　作曲

酒井麻由佳　ピアノ編曲

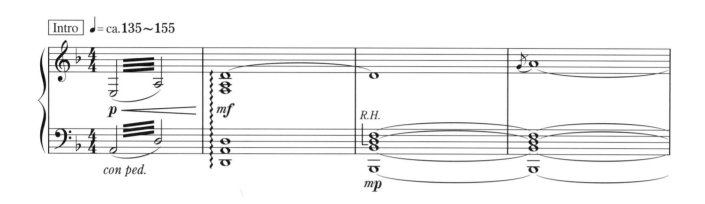

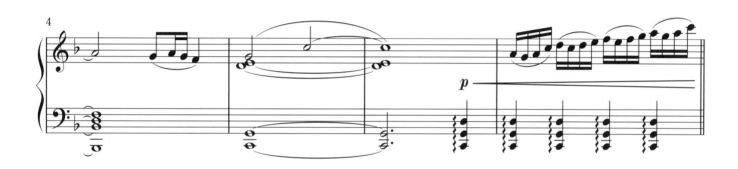

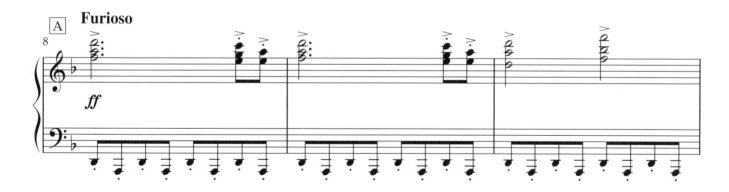

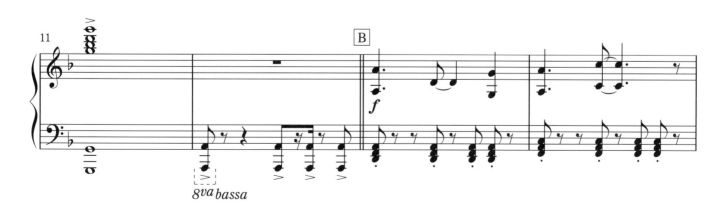

© 2021 by NHK Publishing, Inc.

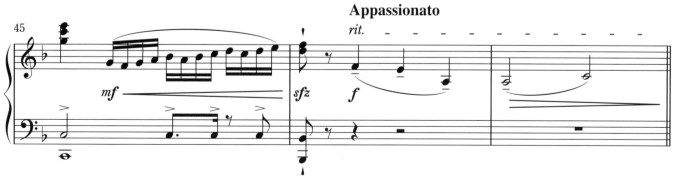

Piano Solo
Level Ⅱ
ピアノ・ソロ上級

鎌倉殿の13人
メインテーマ〜上級編〜

エバン・コール　作曲
酒井麻由佳　ピアノ編曲

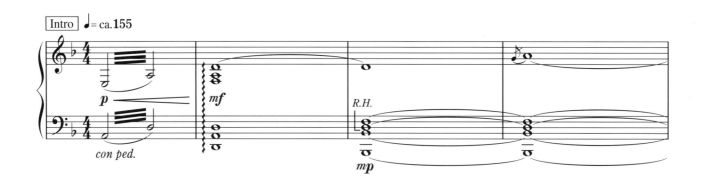

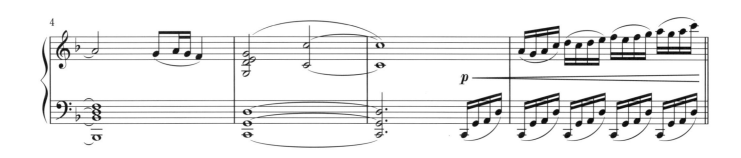

© 2021 by NHK Publishing, Inc.

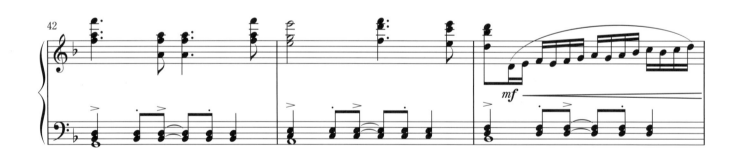

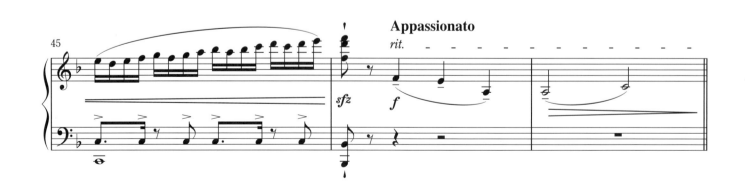